보여지는 나와
내가 보는 나를
가꾸고 사랑하는 것이
내 삶의 색깔이다

박대조 시집

차례

004 가을
026 겨울
032 그리움
052 봄
090 사랑
134 살아가기
180 이별
194 추억
206 행복연습

가을

구원의 땅_그_곳 79×35cm

좁은 오솔길에도 가을이
들풀에도 가을이
들꽃에도 가을이
가는 곳마다 가을이다

연초록 봄이 양보한 여름의 자리
초록빛 여름이 내어준 가을의 자리
황금빛 가을들녘의 자리에는
오곡백화 잔치의 향연이다

가을 나그네
가을 가는 것이 못내 아쉬워
산책하는 내내 마음으로
가을을 담는다

떨어져 있지만 같이 걷는 듯
가을을 만끽할 수 있게
가을의 전령사 되어
사랑하는 이에게 가을을 담아 보낸다

가을을 산책하는 길목
어느 바위에 남은 흔적은
추상화처럼 아름답게 보여
이 세상 최고의 화가는 자연임을 깨닫는다

떨어져 있지만 걷는 내내
같이 가을을 즐긴 당신은
가을 나그네의 추심을 사랑으로 전하는
이 세상 최고의 여인이다

가을꽃이 지고 나면 나무꽃 피어나겠지
핏빛으로 물든 나무꽃은 한잎 두잎 떨어져
맨살떼기 겨울나무로
홀연히 내년을 기약하겠지

가을이 오는 줄은 알았는데
뭐가 그리도 급한지
뮤즈에게 너의 진면목을 보여주지 못하여
줄행랑치는 너의 모습이 얄밉다

너와 내가 맞이하는
첫 가을의 풍경이
시나브로 물들어 갑니다
부재임에도 걷는 내내 함께였습니다

달 밝은 밤에
별은 쉬어 가고

풀벌레 우는 소리에
나그네는 흐느껴 운다

가을 저녁 이슬에
그리움은 더해 가고

깊어가는 가을 저녁에
사랑도 깊어만 간다

그리운 입맞춤은
사랑의 달빛 그림자 된다

들판에 벼 익어
황금들판 수놓은 곳
잔치하듯 참새 날아다니고

이름 모를 길모퉁이에
코스모스는
가을바람에 산들산들 춤추고

사랑으로 황금빛 수놓은
당신과 나는
사랑 잔치하듯 신바람 나고

사랑꾼들은 여기저기
가을바람 맞으며
사랑의 춤을 춘다

푸른 하늘은 미소 짓고
산과 들녘은
옷을 갈아입는다

가을이 깊어갈수록
사랑도
농익어 간다

겨울을 재촉하는 가을비가
가슴을 후벼 팠다
서글픔은 가을바람에 흩날리고
서운해 돌아가는 마음은
찬바람 되어 내 마음 흔든다

바람과 가을비가 아니어도
바람과 가을비에 낙엽이
뒹굴지 않아도
서운해하는 마음 뒤에
느껴지는 사랑..

주체할 수 없는 서운함을
어찌 꼭 젊은 사람만
참을 수 있으랴
서운해 꼭꼭 닫았던 마음에
사랑의 시를 들려주고 싶다

가을바람과 가을비가
막걸리 가득 술잔에 취해
사랑도 서운함 되어
뒹구는 낙엽에 흩날리는 마음에
사랑의 노래를 들려주고 싶다

그리움이라고 하기에는
너무 애달프고
기다림이라 하기에는
너무 간절하다

당신을 보고 싶은 마음은
그리움도
기다림도 아닌
애달프고 간절한 사랑이다

견딜 수 없는 애달픈 그리움은
견딜 수 없는 간절한 기다림은
사랑과 떨어져 있을 때
만질 수 없는 하늘 꽃이 된다

사랑이 내 곁에 와서
미소 지으며 안길 때
하늘 꽃은 땅으로 내려와
비로소 사랑 꽃으로 피어난다

지금은 만질 수도 없고
손 닿을 수 없는 당신은
천상의 꽃이기에
기다림과 그리움 되어
보고 싶다 그래서 더 보고 싶다

눈이 시리도록 아프다
눈이 시리도록 푸르다
푸르고 아픈 가을 하늘
사랑하는 이 닮아 있어 품고 싶다

그립다
심장이 터진다
뇌가 정지되어 있다
오감을 정지시킨 가을 하늘

기억소환 정거장
가을 하늘
내 맘 가을 하늘에 날려 보낸다
내 맘 닿을 수 있도록..,

"사랑!
환상이 깨질거야"

그건 바보들의 사랑이야
나는 점점 환상을 꿈꿔

아름다운 추억이 쌓이고
서로가 서로를 위하고

사랑밭을 얼마나 아름답게
가꾸느냐가 관건이지

사랑의 색깔은 변하지
그건 당연하다 하지만

시간이 지나서
환상의 껍데기가 벗겨지는 것이
자연스럽다 하지만

시간은 흘러 우리 바다는
잔잔하면서 깊어 질거야

잔잔하면서 깊은 바다
살 떨림은 덜하겠지

그러나 무언가로 감동하고
공유하는 것들이 많아지면서

우리의 바다는
더 깊어지고 잔잔해져

영은 육을 다스리고
육이 다가 아님을 알게 되겠지

시간이 지나면
사랑은 퇴색되어져

그러나

서로 늘 얼마나 사랑하고
존중하는지가 중요해

사랑은 꿈이야
사랑은 환상이야

꿈과 환상이 깨지지 않으려면
서로의 존중과 배려가 필요해

한번 왔다가 가는 삶
사랑을 꿈꾸고 환상을 맛보자

죽음 앞두고
붉은 핏빛 토하는
너는 누구인가?

핏빛 아름다움으로
죽음 잊게 하는
너는 누구인가?

품어 내는 자태
꽃보다 아름다운
너는 누구인가?

죽기 전 겹겹이 쌓여
피를 토하는 너를
우리는 아름답다 한다

아름다움 뒤에 감추어진
죽음을 알았더라면
누가 아름답다 하겠는가!

살리기 위해서 죽는
너의 고귀한 자태를
이제야 깨닫는다

겨울내내 죽지 말라고
내 몸 피 토하며 떨구는
너는 참사랑이다

맨살떼기 나무에게
죽음에서 새 생명 건네는
너는 만추(晩秋)이다

짧고도 영롱한
너의 자태를
만추의 사랑이라 칭한다

가을은
그리지 아니하여도
그림이 되고

가을은
쓰지 아니하여도
시가 된다

가을을
노래하지 아니하여도
고독한 나그네의 걸음 사이로

보스락 그리는
가을 낙엽 소리는
노래가 되고 철학이 된다

황금 들녘
아름드리 작물은
사랑의 열매를 맺고

눈이 시리도록
푸른 하늘
사랑의 가을을 품는다

비 오니까 생각나
지난 추억

비 오니까 생각나
지난 여름

비 오니까 생각나
지나온 나이

비 오니까 생각나
지나온 슬픔과 기쁨

과거로의 여행으로
우리를 돌려 보내며

푸른 나뭇잎
살 속 깊이 멍 들인다

가을비는
그렇게 내린다

가을비는
사색이요 철학이다

올 줄 알고
기다렸는데
폭염에 지치네요

나뭇잎 살짝 건드린 바람에게
한바탕 내린 소나기에게
귓속말로 묻는다

온 대지 황금빛
수놓을 가을은
언제 오시나요?

바람아
소낙비야
가을을 보았니?

혹여나 보거든
내 맘 폭염에 지쳐
잠 못 이룬다 전해라

입추가 지난 지 오랜데
가을 당신은 오지 않고
폭염이 주인 행세 한다 전해라

가을 당신
혹시
내 맘에 와 있는 건 아니죠?

누구를 그리워하는 마음
가을 달빛에
이다지도 설레이는 지

호수에 비친
적막한 달빛을 틈타
귀뚜라미 소리 들리듯

그리운 이에게
이 가을 달빛으로
내 마음 전한다

마지막 사랑이라 믿는
내 가슴으로

긴 시간
비워둔 내 가슴으로

조심스럽게
들어와주어 고마워

내 가슴이 너를
사랑할 수 있게 해주어 고마워

당신이 내 가슴에
들어온 이후로

너를
사랑이라 부른다

죽기 전 발악하는
핏빛 단풍을
우리는 아름답다 한다

죽기 전 낙엽 하나 둘
떨구는 가을에
우린 취하고 싶다 한다

우리는 단풍이 주는
내면의 아름다움보다는
보이는 것에만 집착한다

겉치레보다는 가을이 주는
사색과 철학을 되새기며
영혼의 단풍에 물들어보자

아름답다는 단풍잎처럼
인생에서의 50살 단풍은
어떤 모습으로 빛날까

제각각의 색깔을 잊은 채
겉치레 가을에 취해
살고 있는지도 모른다

나의 색깔을 찾는
가을이고 싶다
나이에 어울리는 가을이고 싶다

겨울

Human and Nature 180×120cm

하얀 손님이 오면
하얗게 빛나는 대지가
보고 싶은 것이 아니라

하얀 손님이 오면
흔적도 없이 안아 버리는
겨울바다가 보고 싶다

흰 눈 소복히 쌓인 온 대지
며칠이면 햇살에 못 이겨
속살 보일 터인데

하얀 손님이 오면
제 몸 내어주어
며칠 품고 마는 대지보다

하얀 손님이 오면
온전히 안겨서 한 몸 되는
겨울바다를 품고 싶다

겉으로 내어주는 겉정보다
안으로 내어주는 속정이 좋아서
겨울바다를 품고 싶은 연유이다

꾸물이 하늘
하루 종일 꾸물꾸물
잿빛이더니

들킬세라 야음을 틈타
찔끔찔끔 겨울비
발가벗은 나무 적신다

메마른 가지
비 맞은 꼬락서니가
저리도 내 마음 같을꼬

너도 춘삼월을
가다리는 줄
내가 모를소냐

예끼 이놈아!
기척은 하고
네 몸 찢어 새순 돋게 하렴

새벽녘 어둠을 틈타
하얗고 복스러운 손님이
온 누리에 왔습니다

미소를 머금고
하얀 손님께
인사를 건넵니다

욕심내어 두 손 모아
하얀 손님
잡아보려 합니다

온정이 너무 뜨거워
이내 녹아서
사라져 버립니다

살짝 내민 손
부끄러워
화들짝 주머니에 들어갑니다

잠시나마
아이같은 마음 선물한
하얀 손님께 감사합니다

감사해서 올려다 본
하늘에 비친 하얀 손님은
거무스레 합니다

하늘을 의지해
내려오는 하얀 손님은 뽐내지 않고
색깔로 하늘 손님께 양보합니다

하얗고 복스러움이
더 아름다워 보이는 건
하늘에게 자기를 낮추어 그런가 봅니다

높음은 낮은 곳에서
아름다움은 겸손에서
겸손한 하얀 손님이 내립니다

잡으려 하지 않고
고개 들어 쳐다보니
뺨에 키스하며 화답합니다

사랑한다
고맙다
하얀 손님아

그리움

기도 128×122cm

일상이 끝나고
땅거미 질 때
보고 싶은 사랑이 있습니다

함께 했던 것들을
하나씩 넘기면서 추억하는
보고 싶은 사랑이 있습니다

창가에 고개 내밀고 있으면
웃음 짓는 단아한 마음속
사랑이 보고 싶습니다

추억이 하나씩 쌓여가고
믿음이 더해가는 가슴 저켠에
보고 싶은 사랑이 있습니다

만난 지 얼마가 안되어
떨어져 있을 때
그리움에 사무치는 사랑이 있습니다

보고픔에 시를 쓰고
시로 추억하는
보고 싶은 사랑이 있습니다

나의 뮤즈
나의 보배
그것은 사랑입니다

비가 와도 함께 할 수 없고
가을바람 불어도 함께 할 수 없네
그리운 이 머물다 간 자리
낙엽지고 가을 바람 머무네

가을바람에
내 맘 담아
전하려 하는데
가을바람이 와 나를 흔드네

가을바람에 낙엽은 떨어지고
아름다운 이 머물고 간 내 마음
가을바람에 허우적거리네

가지 한가득 매달려 있는 저 나뭇잎
흩날리어 그리움으로 변하는 것을
가을바람아 너는 아는지 모르는지

나 어떡해
보고 싶어서

나 어떡해
그리워서

나 어떡해
사랑하고 싶어서

나 어떡해
당신 향한 마음

야음이 드리워진
밤이슬 되어

황금빛 대지
촉촉이 적신다

그리움은 이슬비 되어
사랑을 적신다

나 어떡해

비가 창밖으로 내려와
온 대지 적신다

비가 창밖을 수놓아
한 폭의 그림 되어 뽐낸다

비가 그리움 되어
진한 커피 향에 젖게 한다

비가 사랑하는 이였으면
커피가 아닌 너에게
젖을 텐데

길이 아니라 하는데
가고 싶은 길이 있다

모두가 싫어하는데
하고 싶은 것이 있다

가지 말라 하는데
가고 싶은 곳이 있다

이성은 하지 말라 하는데
감성은 하고 싶은 것이 있다

이탈을 꿈꾸는
사랑이다

감성이 이성을 지배하는
사랑이다

아니라서 더 애달픈
그리움이다

소낙비가 내렸다
달달한 막걸리 맛이다

흙냄새가 진동하나 싶더니
냄새마저 씻어 버린다

무색이던 소낙비가
빨간색으로 변한다

작지도 크지도 않은 소낙비가
천둥소리를 잠재운다

유색 유취 유미의 소낙비는
둘 데 없는 이의 가슴 타고

그렇게 한참을 내리나 싶더니
바람이 소낙비를 데려가 버렸다

근심 걱정 씻어 데려갔나 싶더니
그냥 그대로 품고 있더라

그래도 근심 걱정 씻어낼 놈은
감사하고 사랑하는 것이더라

누군가에게 소낙비는
다른 색깔과 맛과 냄새와 소리로
사연 간직한 추억이겠더라

하루의 가장 행복한 순간은
너를 떠올릴 때이다

하루의 가장 달콤한 순간은
내 안에 너 있음을 느낄 때이다

비 오는 날의 사색은
너의 부재에서 오는 공허함이다

막걸리 한잔에서 오는 그리움은
너와 함께한 추억을 떠올릴 때이다

너의 살내음 느끼는 순간은
너와 나의 몸부림을 기억할 때이다

비에 흠뻑 젖은 꽃잎에
그립고 애달프다

봄비야
애달파 우는 내 맘 씻어 내려 주렴

그 자리에
희망의 새순 돋게

꽃 필 때 함께 한 너
꽃 지니 사무치네

달아날까 움켜쥐고
내 마음의 호수 만들었더니

봄비 지나간 연둣빛 잎새
호숫가에 비춰어 방긋 웃는 너

두 손 모아 움켜쥐었더니
너는 사라지고 두 손 물만 가득

그래도 내 마음의 호수에
너 있어 행복하다

그리움을 참으면
사랑이 보인다
그리움을 품으면
추억이 소환된다

떨어져 있어도
가슴에 간직한 너를 꺼내면
미소 짓는 네가 보여서
그리움은 잊혀진다

떨어져 있어도
가슴에 간직한 사랑 꺼내어
함께 있다고 생각하면
그리움은 잊혀진다

떨어져 있어도
고이 간직한 사진 꺼내어
함께 했던 추억 품으면
그리움은 잊혀진다

그리움을 잊는 법은
가슴에 사랑과 추억을 품고
옆에 있는 것처럼 꺼내어
사랑을 추억하는 것이다

보고 싶은 걸 참으면
시가 되고

사랑하고 싶은 걸 참으면
그리움이 된다

그리움을 참으면
사랑은 애달파진다

그리움을 잠재우는 묘약은
사랑이다

창문 열고
가슴 열어젖혀
그리움이란 놈에 기대어

님 오기만 기다린다
님 미소짓기만 기다린다
님 입맞춤만 기다린다

기다리다
아침이 밤이 되어
밤하늘에 별만 수 놓는다

기다린 마음
살며시 갈바람에
그리움으로 날려 보낸다

아무것도 하기 싫다
너만 보여

아무것도 생각하기 싫어
너만 생각나

이 세상이 내 것 같아서
하루 종일 웃기만 해

내 세상은
오롯이 너라서

너 아닌 다른 것은
내 세상이 아니야

아무것도 하기 싫다
너만 보여

아무것도 생각하기 싫어
너만 생각나

너만 보이고 생각나는
너와 나만의 세상

하늘을 보았다
그리고
울었다

행복에 복받친
울음에는
감사와 사랑이 있었다

바다를 보았다
그리고
탐미했다

탐미하는 사랑의
몸짓에는
하나 됨이 있었다

그리고
헤어진 뒤
그리움이 생겼다

그
그리움에는
배려와 감사가 있었다

아시나요?
하루에도 사랑한다는 말을
얼마나 많이 하고 싶은지

아시나요?
매 순간
얼마나 보고 싶은지

아시나요?
당신을
얼마나 많이 보고 있는지

아시나요?
당신의 목소리를
얼마나 듣고 싶어 하는지

아시나요?
밤마다
당신을 얼마나 원하는지

아시나요?
보내고 난 뒤
당신을 얼마나 그리워했는지

혼자라고 느끼는 건
너를 향한 외로움이겠지

혼자라고 느끼는 건
당신이 없는 공허함이겠지

혼자라고 느끼는 건
부재에서 느끼는 사랑이겠지

힘들다고 느끼는 건
사랑 욕심 때문이겠지

사랑을 느끼는 건
너의 존재감이겠지

물리적 거리를 느끼는 건
사랑비의 애처로움이겠지

번외

Human and Nature 105×70cm

나무야 나무야
겨울나무야!

모진 겨울 이겨내고
맨살 몸땡이 찢어

살포시 고개 내밀며
꽃몽우리에게 건내는

너는
봄 사랑이다

꽃샘추위
변덕스러움에

내밀듯 말듯
한참을 망설이는데

겨울을 이별하는 춘우
꽃망울 흠뻑 적셔

방긋 웃음 건네며
함박꽃 재촉한다

춘우(春雨)에 빗물 머금은
아리따운 꽃망울

영춘객(迎春客)을 기다리는
아낙네의 수줍음을 닮아있다

너는
봄 사랑이다

만개의 아름다움도 모자라
생명 다하는 순간까지
꽃눈을 뿌린다

회색빛 나무
한가득 만개하여
사랑으로 질퍽였던 꽃잎 떨군다

발가벗은 몸 부끄러웠던지
나뭇가지마다 연초록 옷으로
갈아입는데 분주하다

봄햇살에 데워진 봄바람
꽃눈 싣고
온몸 휘감아 간지럽힌다

나뭇가지 밑 지나가던 아낙네
흩날리는 꽃눈에 마음 들킬까 봐
치맛자락 동여맨다

저 멀리 지켜보던 남정네
의미 모를 미소 실은 꽃바람에
아낙네 치맛자락 나풀거린다

소리 들리니
꽃봉오리 터지는 소리

옷 갈아입는 것 보이니
연둣빛 잎새

봄 바람이 훔치는 것 느끼니
나풀나풀 아낙네 치맛자락

봄 햇살이 간지럽히니
봄에 취한 남정네 순정

봄비에 보슬보슬
아낙네의 떨리는 가슴

봄이 익어 간다
사랑이 익어 간다

고운 너에게
한눈팔고 싶다

활짝 핀 미소에
멈추고 싶다

너의 품에
빠지고 싶다

만개한 아름다움에
근심 걱정 잊고 싶다

피어나는 자태에
행복하고 싶다

비 머금은 너에게
녹아들고 싶다

너는
봄꽃이다

어제 밤사이
벚꽃이 피멍이 들었다

밤새 내린 봄비
꽃 볼을 때린게야

하얗게 피어야 할 벚꽃
선홍빛 띤다

밤새 봄비에
아등바등 버틴 꽃잎

따스한 봄 햇살 그리워
고개 내밀건만

하루 종일 해님은
보이지 않는다

견디다 못해 떨어지는 꽃잎
행인 옷깃에 떨어진다

으스스한 날씨에
행인 옷매무새 댕겨 맨다

꽃잎도 행인도
따스한 봄빛 기다린다

화창한 봄 햇살 아래
만개한 벚꽃잎에
타던 가슴

모두가 잠든 밤
소리 없이 내리는 꽃비에
씻어 내린다

씻어 내린
가슴 한 켠의 그리움
눈물 되어 흐른다

꽃비가
눈물 되어
흐느낀다

님 향한 눈물
꽃비 소리 더하여
구슬프고 눈물겹다

봄비에 꽃잎 떨군다고
슬퍼 마라

꽃잎 떨군 자리
살 찢어 잎새 돋지 않겠니

꽃비에 봄 저문다고
아쉬워 마라

녹음 짙어
그늘 뽐내지 않겠니

봄비의 소슬함에
도시풍경 고즈넉하고

꽃잎 떨구는 빗소리에
봄은 익어 간다

비바람에 흩날리는 꽃잎
아쉬움 내려 놓으니 정겹다

얼마나
꾹 참은 거니?

얼마나
눈물 글썽거렸니?

그냥
울지 그랬니?

하염없이
내리는 눈물

꽃잎에
하소연하려무나

참고 참아서
이쁜 꽃잎 보게 해주어

고맙고
고맙구나

오늘 밤은
울고 울려무나

꽃 볼 때려
하소연하려무나

앙증맞은
너는 꽃비다

춘야에 내리는
너는 꽃의 눈물이다

꽃비야 오늘 밤만
하염없이 울려무나

피지 못한 꽃
활짝 피워야 되지 않겠니?

만개한 꽃잎
봄비에 젖어
흐느적거린다

봄 햇살에
뽐내든 꽃잎
꽃비 되어 나부낀다

떨어진 꽃잎
나무 잎새에게
자리 건넨다

화려한 꽃잎
봄비에
내년을 기약하고

꽃잎이 내어 준 자리
연초록 나무 잎새 돋아
여름을 준비하겠지

화려한 꽃잎 사랑
봄비 품은 가슴에
고이 간직하고

푸르른 잎새처럼
늘 푸른 사랑
짙게 물들이자

엄동설한
인고의 시간들

보상이라도 하듯
온산 붉게 물들었네

저 꽃 피우려
얼마나 아팠을까

봄비에 떨어질까
얼마나 노심초사였을까

인고의 시간이 있어
더 고운 너는 진달래

너 보는 산인(山人) 얼굴에
행복 꽃 피어난다

오늘 본 너는
행복 꽃 진달래

꾸물꾸물
하늘이
봄비를 준비한다

어제의 화창함은
오늘에서야
잡히지 않는 꿈이로다

꿈이로다
꿈이로다
일장춘몽이로다

살아 보니
꿈이로다
일장춘몽인 삶이로다

만나고 헤어지는
애달픈 사랑도
일장춘몽이로다

4월도
꿈이로다
일장춘몽이로다

잘 살자
꿈같이 살자
한 세상 일장춘몽인 것을..,

소리가 들려
봄이 깊어가는 소리

꽃망울 터트리는 소리
나무 잎새 망울 터트리는 소리

이산 저산
진달래 꽃불 내는 소리

보리 새순 돋는 소리
개울가 망아지 꽃 피는 소리

남정네 사랑 타령 소리
봄바람 여심 훔쳐 가는 소리
봄 햇살 비추며
사랑 익어가는 소리

너는 들리니?
봄이 전하는 짝짓기 소리를..,

이산 저산
난리다
꽃 대궐이다

산들산들 봄바람에
꽃 대궐
꽃의 향연이다

뻐꾹새
울음소리 더하여
심쿵심쿵이다

심쿵 영춘객(迎春客)
꽃 대궐 향연에 젖어
이정표를 잃었다

이제 그만
아시죠?
꽃샘하는 추위 님

몸서리치는 엄동설한 추위에도
아랑곳하지 않고
부끄럽게 고개 내민
연초록 잎새

산들산들 봄바람에도
동장군(冬將軍)인가 두려워
조심스레 야들야들한 살갗 내민
연초록 잎새

봄바람에 꽃비 내려도
지난겨울의 상처가 아물지 않아
조심스레 잎 터트리지 않는
연초록 잎새

어떤 고운 꽃보다
더 고운 너를
오늘에서야
잎새 꽃이라 칭한다

네가
아무리 발버둥 쳐봐라

딱딱한 나뭇가지
보드라운 꽃잎 필 수 있게

마음 열어준 사랑
당할 수 있을 것 같지?

이미 양지바른 모퉁이
매화꽃은

겨울내내 견딘 나뭇가지 살 찢고
고개 내민 지 오래다

강하다고
강한 것이 아니라

강함을 이기는 부드러움이
사랑이라는 걸 모르는 너

자기 몸 찢어
꽃망울 맺은 사랑을

꽃샘추위
너의 시샘이 알겠는가!

사랑하는 마음도
나뭇가지 사랑이다

시샘하는
꽃샘추위야

너는
참 꼰대다

꽃피는 거
보고 있으니

그리도
부럽니?

너
시샘 부려도

피어나는 꽃
잠시 움츠려 있을 뿐

너로 인해
더 농 짙게 피워 낼 거야

춘삼월 영하의 온도는
너무했지 않니?

너 시샘 부리는 동안
꽃놀이 대신

너 시샘 잠재우며
사랑놀이하련다

봄 온다
잡아라

비 온다
맞아라

얘들아
사랑 온다

장맛비 맞듯
젖어라

내 사랑
어디메뇨

와락
벌써?

뜨거워
화들짝!

봄 사랑에
취해 보자

메마른 겨울 밀어내고
성큼 다가오더니

나뭇가지에
꽃망울 맺히게 하고

겨울 내내 갈색빛 옷
연두색으로 온 산 뒤덮는다

얼어붙은
내 마음마저

쿵쾅쿵쾅
흔들어 놓는

너는
봄이다

겨울이 지나고
봄이 오듯

누구를 사랑하고
좋아하게 되는 것은

의지로 선택하는 것이 아니라
가슴으로 그러해지는 것이다

가슴이 시킨 사랑
유죄라도 무죄다

성큼 다가온 봄
너는 무죄다

매화꽃 이파리 활짝 피어
바람에 흩날리는
하늘을 보았는가

매화 이파리 콧등에 내려앉아
바람에 날아간 여운에
설레어 보았는가

강가 가득 매화꽃 이파리
생선 비늘처럼 내려앉은 모습에
하염없이 울어 보았는가

엄동설한 피고 지지도 않은
매화꽃 잎의 의미를 아는
너는 봄 손님이다

꽁꽁 얼어붙은 내 맘
흩날리게 뒤흔든
너는 봄이다

봄바람, 봄 햇살
그놈들 참 요상하다

따뜻한 봄 햇살
농익어 가나 싶어

살포시 창문 열면
봄바람에 냉기 가득하다

못내 아쉬워
창문 닫으면

봄 햇살 가득
봄기운에 취한다

봄아
너는 누구니?

이러지도 저러지도
못하는 것이 못내 애탄다

꽃비 안고
님인가 했더니
떨어진 꽃잎 되어 나뒹굴더라

내 마음 감동되어
님인가 했더니
그냥 그리움이더라

그리운 님
와락 안았더니
꽃비 안은 눈물이더라

추억 안고
그리움의 눈물
흘렸더니

상처 남은
지난 사랑
애달파 우는 눈물이더라

지난 밤
무슨 일이 있었던 게야

봄비도 왔고
바람도 불었네

비바람이
꽃비 바람 되어

온 누리에
흩날렸네

꽃비에 젖은 내 마음
날아갈까 동여맨다

어쩌나 이미 사랑 되어
지난 밤 님 곁에 가버린걸

맘 들킬까 봐
사뿐사뿐 젖은 꽃길 걷는다

지금도 꽃길 꽃비 바람에
내 맘 둘 곳 없네

꽃 대궐 밑 아낙네도
꽃단장하고 멋을 부린다

지난밤
무슨 일이 있었던 게야

젖은 내 마음의 꽃대궐에
봄은 깊어만 간다

달빛에 비친 꽃망울
탐스러워 마음 주었더니
아직 때가 아니라 한다

활짝 핀 너의 미소 알기에
설레이는 마음
취기에 더 애리다

너와 나의 만남이
때가 아니라 하지만
내 마음에는 만발하다

꽃망울 탐스러운 것은
만개의 희망을
품고 있는 연유이다

시간이 지나 만개함도
너만 하지 못함을
이제서야 깨닫는다

막걸리 한잔 먹고
오는 길목에
내 영혼
뿌려 놓았으니

친구야
지나가는 길에
주워 담아
고이 전해 주소

눈동자는
봄비에 젖고
마음은 봄바람에 애려
둘 데 없다

친구여!
그래도 살아서
벗과 막걸리 한잔했음에
감사하자

외로움이여
서글픔이여
함께 할 수 있어
감사하고 정겹다

외롭고 서글픈
나그네 되어
비 맞은 봄바람에
영혼 뿌리며 몸을 맡긴다

친구야!
내가 온 길 지나가거든
내 영혼 주워 담아
고이 전해 주소

먼발치 춘객 오는 소리에
내다 본 사글팍에는
노오란 개나리 맵시 뽐내고

봄 햇살 내려앉은 마당에는
병아리 총총히 모여
잰걸음 재촉하네

얼기설기 얌새밭에
봄나물 캐는 아낙네의 입술에
봄 노래 묻어나네

멀찌감치 훔쳐보던 남정네 가슴에
아낙네 노랫소리 따라
사랑 꽃 피어난다

사랑

A wild flower 10 60×90cm

애타는 마음
그리운 마음
사랑하는 마음

당신을 향한 마음
내가 알아서 절제된 표현으로
성숙된 사랑할 테니

사랑이라는 길 위에
무수한 사연들 속에서
동행하는 동안

서로 지치지 않게
우리 서로
인(人)꽃의 향기를 잃지 말자

당신을 생각하는
생의 모든 순간들이
그리운 꽃으로 피고

당신과 함께하는
생의 모든 순간들이
사랑 꽃으로 피어나길 소망합니다

당신과 내가 가꾸는 화단에는
그리운 꽃과 사랑 꽃이 어우러져
행복화단으로 피어나길 소망합니다

그대의
불안과 슬픔을

소용돌이치는 강물에
던져버리소서

사랑스런 눈빛으로
나를 바라보소서

당신으로 인해
얼마나 행복해하는지

사랑이
진짜인지 가짜인지

그러나 이미 당신은
알고 있습니다

사랑스런 눈으로
세상을 바라보소서

이 세상이
얼마나 아름다운지

당신과 나의 사랑이
세상을 아름답게 보이게 하고

당신과 나의 사랑이
우리를 행복으로 이끌 것입니다

걱정과 불안은
바람에 날려버려요

당신과 나의 사랑은
행복입니다

왜냐하면
우리가 하고 있는 사랑이

아무나 하는
사랑이 아님을 알기 때문입니다

누가 사랑을
우리처럼 할 수 있을까요

짧은 날 일지라도
사랑의 속삭임이 시로 수없이 쓰여지고

뼈가 부스러지고
숨이 넘어갈 것 같은

죽어도 여한이 없는
사랑을 우리는 하고 있습니다

우리 사랑은
영육이 합일되는 천상의 사랑입니다

떨어져 있는
시간의 길이를

낮에는
가슴이 먼저 기억하고

저녁에는
몸이 먼저 기억한다

참을 수 없는 영육
사랑의 깊이 만큼 피어난다

낮에는 가을 햇살 받아 피어나는
지존의 해바라기

밤에는 달빛 받아 피어나는
밤의 요정 달맞이꽃

낮과 밤에는 사랑받아 피어나는
요정 사랑 꽃

온 마음과 온 대지에
온통 꽃 대궐이다

나이가 들수록
꼭 필요한 인연이
친구 같은 연인이라지요

참 좋은 연인
좋은 인연으로
아름다운 삶 만들어 가요

사랑하는 인연보다는
좋은 친구 같은 연인이
나이 들수록 좋습니다

만나자마자
불편한 매력 있는
그런 사람보다는

그 존재만으로도
편안하게 느껴지는
그런 연인이 좋습니다

말을 할 때,
어떻게 들을까 염려되어
일정한 생각을 하고 말하는
그런 사람보다는

술 한 잔에 아무렇지 않게
어깨에 손을 걸치고 걸을 수 있는
친구 같은 연인이 좋습니다

너무 잘 나서
나를 작게 만드는
그런 사람보다는

부드러운 미소와
다정한 담소를 주고받을 수 있는
친구 같은 연인이 더 좋습니다

가슴이 허할 때 술잔을
앞에 놓고 마주할 수 있는
친구 같은 연인이 좋습니다

밤새껏 주정을 해도
다음날 미소지으며
안부를 묻는 친구가 더 좋습니다

어쩌면 나이가 들수록
세상 사는 것이 버겁고 피폐했어
내 속내를 맘 편히
털어놓고 받아 주는
친구가 필요한 연유이다

우리 이런 친구 같은 연인
연인 같은 친구 되어요

가슴이 덜컹
사랑이 사라지면 어쩌나

사랑이 깊어질수록
내가 이런 사랑 해도 되나

내가 이렇게 행복해도 되나
불안감이 엄습해 옵니다

당신은 사랑이 깊어지는 것이
걱정이 되나 봅니다

내가 당신께 빠져드는 게
걱정인가 봅니다

그래서 대강 사랑하라 합니다
당신을 전부로 생각하지 말라 합니다

그런 게 어디 있습니까

사랑할 자격이 있는 남자는
대강이 아니라 온 맘 다해 사랑하는 것

자식에게 사랑하는 법을 가르친다면

거리낌없이
이렇게 가르칠 겁니다

사랑합니다
당신의 전부를

사랑합니다
온 마음 다해

하늘아 바람아
와 이리 반갑노

미치고 팔딱 뛰겄다
우짜모 좋노

너를 안고 싶어
창문 제치니

와락
품에 안기는 것이

와 이리 좋노
못 살것다

하늘아 바람아
와이리 좋아하는고 알재

내가 사랑하는 이
오늘 온다 안카나

우냐 모 좋노
나는 오늘 니가 좋데이

하늘아 바람아
뼈가 문드러지도록
니캉 내캉 연애했삐자

억수로 좋다
하늘아
바람아

와이리 좋노
우리 색시
온다 아이가

오늘 하루의 시간이
길 것만 같다

오늘 하루
가을은

당신을 얼마나
그리워하게 만들까

오늘 하루
가을은

당신을 얼마나
사랑하게 만들까

기다림
너무 길어 가슴이 녹을까 봐

당신을 만나고 난 뒤
그냥 잠이 들고

당신이 오면
다시 눈을 뜨고 싶다

오늘
가을은

당신을 얼마나
그리워하게 하고

당신을 얼마나
사랑하게 할지

사랑은
궁금한 것에서 시작되나 보다

사랑은
보고 싶은 것에서 깊어지나 보다

사랑은
그리워지는 것에서 익어가나 보다

사랑은
궁금하고

보고 싶고
그리워지고

그러나 보다

창문 밖으로
푸른 가을 하늘 수놓은
사랑 구름

가을의 스산한 바람 타고
퍼즐 맞추어지듯
서로가 하나가 되었습니다

하나와 하나일 때의 홀로 됨보다
둘이 어우러져 하나 됨이
너무나도 행복합니다

구름은 사랑 바람 타고
우리 가슴으로 들어왔고
푸른 하늘은 우리에게 미소 짓습니다

잘 살아가라고
처음처럼 살아가라고
미치도록 사랑하라 합니다

소유의 사랑은
이기적인 거짓 사랑이다
무소유의 사랑은
하염없는 참사랑이다

소유하는 것이
사랑의 무게가 아니라
무소유의 사랑이
진짜 사랑이다

소유하려고 물 움켜쥐면
손바닥 물이 다 빠져나가듯
소유하려는 사랑 또한
그러하다

함이 없이 스스로 그러한 상태
무위자연의 심미적 단계에서
사랑에 임하는 것이 참사랑이다

소유하려는 사랑은
이기적이며
자기 사랑으로 채우기 위한
도구로 사랑하는 이를 이용하는 것이다

무소유의 사랑
무위자연의 심미적 단계
나를 없애는 무아는
사랑하는 사람이 갖추어야 할 덕목이다

지치고 힘들 때
들어와서 쉬어 가세요

사랑하고 싶을 때
사랑하고 가세요

내 맘의 비밀번호는
당신만 알잖아요

저도 모르는
마음의 비밀번호 열고

당신의 휴식처가 되기를
소망합니다

누구도 걷지 않은 길을
당신과 걷고 싶다

누구도 하지 않은 사랑을
당신과 하고 싶다

흔들리지 않는 사랑을
당신과 하고 싶다

내 생애 마지막 사랑을
당신과 하고 싶다

이 세상 떠나는 순간
기억되는 이가
당신이었으면 좋겠다

그녀가 내 가슴에 왔다
가을이 와 버렸다

가을을 보았다
별을 보았다

하늘에 핀 꽃을
별이라 하고

가슴에 핀 꽃을
사랑이라 한다

별이 아름다운 것은
태양이 양보한 밤
칠흑 같은 어둠 때문이다

사랑이 아름다운 것은
서로가 양보한 가슴 속
너와 나의 배려 때문이다

내 사랑을
천천히 조금씩
보여주는 이유는

내가 당신을
얼마나 사랑하는지 알면
심장이 멈출 것 같아서

어느 누가 사랑의 입맞춤을
표현할 수 있으랴

어느 누가 사랑의 입술이
달콤하다는 걸 알 수 있으랴

느리고도 빠르게
얕고도 깊게

부드럽고도 딱딱한 혀의 움직임은
생명의 용솟음이다

숨을 쉬기도 힘든 가파른 호흡
그리고 쉼 또다시 격정의 입맞춤

우리는 천당을 보았다
우리는 별을 보았다

천상의 입맞춤은
짧고도 깊게 여운을 남겼다

내가 보는 시선은
그녀에게 향해 있고

내가 듣는 노랫소리는
그녀에게 반응하고

내가 하고 싶은 말은
그녀에게 시가 되고

그녀를 향한 눈 귀 입은
사랑하는 힘이 된다

그녀 향한 눈은
나의 이정표가 되고

듣는 노랫소리는
우리의 생명이 되고

내가 쓰는 시는
우리의 사랑이 되고

이렇게 만들어 가는 사랑은
우리만의 우주가 된다

여인의 색깔에
세상의 색깔은
무색이었다

여인의 향기에 가려
세상의 향기는
무취였다

향기에 취하고
색깔에 취해서
허우적대도 행복했다

작은 얼굴선과
신중함과 친절함은
그녀를 바라보게만 했다

웃음기가 많고
수줍음이 많은 여인은
천진난만한 아기였다

두 번째 만난 여인은
신뢰와 안정감을 주는
사랑하고픈 연인이었다

네가 궁금하다
탐미하고 싶다
그리고 너의 남자이고 싶다

여인의 향기가 가시지를 않아
잠 못 드는 밤
남자는 너의 별을 센다

술과 너의 향기에 취해
너를 보고 있는 내내
나의 하늘은 수많은 별들로 빛났다

먹구름의 삶이었던
고흐의 하늘 뒤로
수많은 별들로
지금도 우리를 비추고 있는 고흐의 그림처럼

너는 나의 별이 되어
잠 못 이루는 밤
나를 비추는 고흐의 그림이 되었다

사랑은 같이 있고 싶은 맘에서 비롯되어
그리워진다

사랑은 힘써 대상을 알아가는 것에서
깊어진다

사랑은 거룩함에서
구별되어져 제각각의 색깔로 돋보여진다

사랑은 배려와 존중에서
밀착 사랑으로 거듭난다

사랑은 고통이 따르지만
극복은 상대를 위한 말 없는 기도에서 익어간다

익어가는 사랑의 열매를
가을의 길목에서 느끼고 싶다

당신을 만난 후로
온 세상이 사랑이다

밤새 살포시 내리는
가을비도

산책길에서 무심코 지나쳤던
작은 돌멩이도

당신으로 인해
사랑스러워 보입니다

사랑은 온 세상을
아름답게 보이게 하나 봅니다

당신은 나를 그렇게
바라보도록 만든 사람입니다

당신은
사랑입니다

늘 내 마음에
사랑한다고
말하고 싶은 사람이 있습니다

건조하고 척박한
세상이라지만
우리는 서로를 갈구하는

항상
마음 나누는
참 사랑하는 사람입니다

사랑 때문에
가끔 아프기도 하지만
사랑 참 고맙습니다

사랑 덕분에
좌절을 희망으로
다시 일어서려 합니다

사랑이 있어
서로가 존재하는
참사랑의 이유입니다

시와 사랑
너는 닮아도
너무 닮았구나

시상의 바탕은
순수에서 시작되듯

순수의 눈으로
대상을 보고 느끼는
시의 기운은 살아 움직인다

사랑의 바탕은
천진난만한
아이의 마음에서 시작된다

아이의 심성으로 느끼는 사랑은
때 묻지 않은 진짜 사랑으로
상대에게 행복을 준다

욕심이 눈을 가려
세상사 휘둘리는
시와 사랑은 가짜다

진짜는
어느 무엇에도
간섭받지 않는 순수한
심미적 단계에서 비롯된다

누구를 사랑하는 데는
이유가 없는 무목적성이
진짜 사랑이듯

시 또한 사랑과 다를 바 없다
진짜는 무목적성을 띤
시와 사랑이어야 한다

시와 사랑의 시작은
무목적성을 띤
고해에서부터..,

누군가를 인연이란 이유로
깨어질세라 고이
가슴에 담은 날부터

밤마다
한 송이 두 송이
야화가 피기 시작했다

어제저녁에는
밤새 음악을 들으며
야화는 피어났다

오늘 저녁엔
한 아름 큰 꽃송이 되어
그리움으로 피어난다

아름답고 곱게
그리움으로 피어난
너는 인연꽃 야화다

이 세상에서
가장 고귀한 것은
사랑이다

모든 이에게는
가장 고귀한 사랑을
담을 그릇이 있다

그러나
자신의 그릇만큼만
채워졌어

차면 넘치고
자신의 그릇 크기밖에
채워지지 않는다

사랑을 채우는 그릇은
모양도 있었어
사람마다 가지각색이다

어떤 이는 달콤함만
어떤 이는 보기 좋은 것만
어떤 이는 착한 것만 채운다

그러나 사랑은
이 세상의
모든 것이다

슬픔도 미움도
기쁨도 달콤함도
사랑이다

누구나
자기 그릇의 크기와
생김새로 사랑을 한다

진정한 사랑은
세상의 모든 것을 담는
인품의 그릇을 만드는 것이다

미움도 슬픔도 기쁨도
인품의 그릇에 담아서
사랑으로 녹이자

사랑하자
이 세상의
모든 것을..,

모진 한파 이기고
피워낸 사랑 꽃

뽐내나 싶더니
꽃샘추위 시샘에 흩날리고

초여름 뙤약볕에
열매가 맺을라치면

태풍이란 놈이
휘몰아쳐 휘갈겨 놓고

사랑 열매 익을 상 싶더니
새라는 훼방꾼이 쪼아대고

그럼에도 불구하고

기나긴 인고의 시간
버티고 버틴 사랑의 열매는

자태가 탐스럽고
설렘 그 자체이다

농익은 사랑 열매
긴 시간 향유하려 하지만

죽음이란 놈이
우리를 갈라놓는다

사랑의 꽃을 피우고
농익은 열매를 맺어

죽음 다 하는 순간
내 사랑은 너였노라

얘기하고 추억하는
사랑을 하고 싶다

소리가 들려
미소가 보여

내 마음에
뜨거운 게 느껴져

이거
너지?

이거
사랑이지?

내가 너를
무지 사랑하나 봐

우연히 만나
너와 나는 인연이 되고

인연은
가슴과 마음으로 만나

스쳐 지나가는 인연이 아니라
뜨거운 인연이 되었다

인연의 시간 속에서
너와 나는 사랑이 되었다

사랑이라는 인연이 되어
서로의 가슴에 들어와

주인이 되고
심장이 되었다

당신을 향한 내 사랑이
이런 사랑이기를 소망합니다

사랑하는 이를 있게 한
상처투성일지라도
과거에 감사하고

사랑하는 이와의 사랑이
불확실할지라도
미래를 꿈꾸고

사랑하는 이를 향한 사랑에
장점과 단점에 상관없이
현재에 설레는 사람이길 소망합니다

괴로움이
끝이 없는 인간사

긴 쉼호흡으로
고개 들면

미소 머금은
달도 보이고

찬바람 밀어내는
춘풍도 옷깃을 스친다

고해에 쌓인 마음에
보고 싶은 너의 향기

따스한 봄기운과 더불어
사랑으로 피어난다

하루 종일
수다를 떨고

서로 탐미를 하고
심쿵 하고

지루하지도 않아

우리의 사랑을
표현할 단어가 부족해

세상의 사랑 언어는
단어 잔액부족이다

살아가기

청량사 28.5×22.5cm

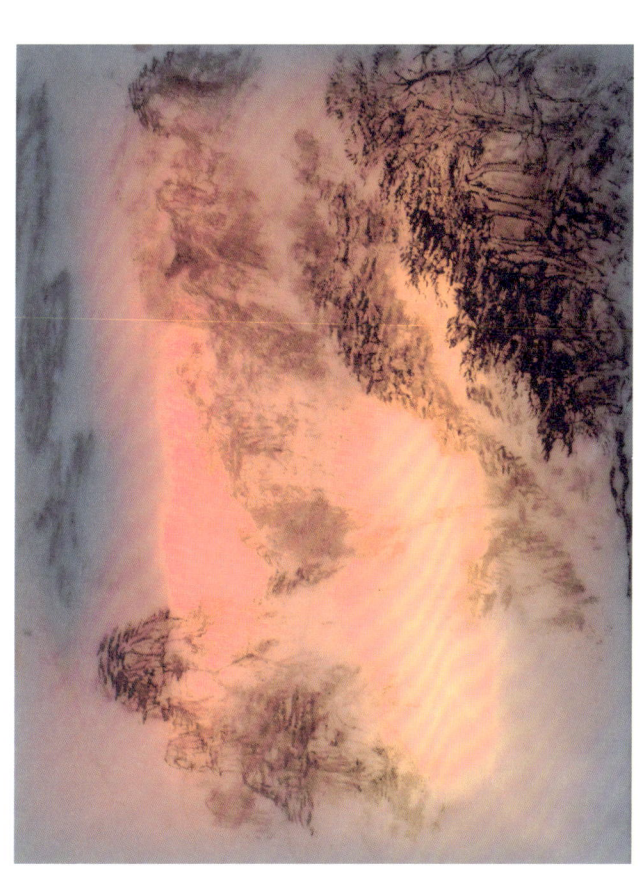

힘들다고
상 찡그리지 마라

슬프다고
가슴 후비지 마라

성난다고
혀 함부로 놀리지 마라

그립다고
눈물 흘리지 마라

가난하다고
어깨 떨구지 마라

약해지지 않고
살다 보면

밤이 낮이 되듯
빛은 어두움을 걷어 낸다

무슨 연유로
무슨 영욕을 누리겠다고
이리도 아둥바둥인고

어디론가 떠나는 행인들
이정표 달린 버스들
몇 번을 유혹한다

아무 버스나 골라 타고
어디론가 떠나고 싶었다
그러나 한참 후에도 그 자리이다

분주한 삶 속에서 여행이라는 것이
돈의 문제가 아니라
용기의 문제임을 깨닫는다

가던 길 재촉하는 나는
용기 없는 비겁한 현실주의자
가슴이 시키는 대로 살고 싶건만

그런 연후에 후회할지라도..,
이 세상 등지고 눈 감을 때
아쉬움은 덜 하지 않겠는가

잘 살고 못 사는 것은 다음이고
가슴이 속삭이는
이정표 대로 살고 싶다

나른한 오후 시외버스터미널에서
어슬렁거리는 강아지 한 마리와 마주친 눈은
허공만 그린다

살다 보니
바르게 사는 게
참 어렵더라

살다 보니
의미 있게 사는 것도
참 어렵더라

살다 보니
나이 먹는 것은
참 쉽더라

살다 보니
남의 말 하는 것은
참 쉽더라

살다 보니
바르고 의미 있게
살라 하는 것도 부질없더라

거울을 보고
그냥 내가 웃고 찡그리면
거울 속의 나도 웃고 찡그리더라

살다 보니
내가 웃으면
세상도 웃고

살다 보니
내가 찡그리면
세상도 찡그리더라

내가 웃는 것이
바르고 의미 있게
사는 삶이더라

되돌아갈 수 없는
차표 한 장 들고

인생 열차에
몸을 실었다

죽음이 기다리는
종착역을 향해 달리고 달렸다

다음 간이역은
더 좋고 행복하겠지

지금보다 나아 지겠지
좋아지겠지

무엇인가를 이루든
이루지 않든

도착해도 별거 없는
간이역임에도

반복되는 환상을 꿈꾸며
달렸다

인생 열차 종착역이
죽음임을 알기에

이제는 환상을
꿈꾸는 것이 아니라

지금의 삶에
감사하며 살고 싶다

세상이 삶을 짓누르고
세상이 삶을 비껴가고
세상이 삶을 속이고
세상이 삶을 할퀴고 찢더라도

뚜벅뚜벅
걷다 보면 살아지고
살다 보면 살아졌고
그러다 보면
괜찮아지고 잊혀지고
성숙됨을 믿습니다

지금의 뚜벅이 걸음 속에서
느끼는 고난과 고통이
은혜와 축복이 되게 하소서

믿음은 긍정을 낳고
긍정은 우리의 삶을 풍요롭고
선하게 만드는 것을 압니다

오늘도
삶이 우리를 속일지라도
우리의 삶이 선한 삶 되게 하소서

내 발길 닿는 곳이
내 마음의 강물이 흐르는 곳

흘렀다 멈췄다
또다시 흘러 멈춘 곳

이곳은
또 어떤 강물이 되어 흐를지

내 마음의 강물이
흘러 흘러 머물러 있음에

아랑곳없이
미호천 강물은 흐른다

내 마음이 어디든
세월의 강물은 흐르네

우리가 하는 말에
온도가 있는 연유는

말의 뿌리가
마음에 있기 때문이다

따뜻한 말 한마디가
사람의 마음을 움직이듯

차가운 말 한마디는
마음을 굳어버리게 합니다

마음의 난로에서 나오는 말이
사랑으로 가득 차기를 소망합니다.

차가운 말이 나올 때는
침묵을 선택하게 하소서

입술의 침묵과
마음의 침묵을 하게 하소서

눈의 침묵과
귀의 침묵을 하게 하소서

제일 약한 듯 제일 강한 것이
정신을 지배하는 입술이기에

가장 슬프고 기쁜 일이
또한 입에 있음을 알기에

온도 높은 좋은 말로
감동을 전하는 삶이기를 소망합니다

세상을 살아간다는 것은
투쟁이고 전쟁이다.

삶을 사는 것이 아니라
살아 내는 것이다

무슨 일을 어떻게 하고
살아 내야 하는지

무슨 책임을 지고
살아 내야 하는지

수많은 것들이
우리의 영육을 짓누른다

사랑으로 만나는 인연에
감사할 줄 아는 삶일 때

사랑받고
사랑하는 삶이 된다

인생은 살아 내는 것보다
살아지는 것이다

덧없는 세월은
나이를 주었고

나이는
몸에 흔적을 남겼다

저마다의 몸은
유통기한이 있어

쓸데없는
몸뚱어리로 치닫는다

믿었던 몸둥아리 마져
이 모양이다

슬금슬금
호주머니 뒤져보니

벌어 놓은 게 없어
줄 수 없고

아는 게 없나
머리 뒤져 보니

머리에 든 게 없어
나눌 수 없다

그래도
뭔가 있을 듯하여

밤새 고민해보니
마음 하나 남았네

요기 요기 요자리
살며시 놓아둘게

고운 마음으로 가져가면
고운 마음

나쁜 마음으로 가져가면
나쁜 마음

마음 무한리필
마음껏 가져가라

행복할 때
웃을 수 있는
미소가 있고

슬플 땐
가슴 씻을 수 있는
눈물이 있고

사랑할 때
가슴 태울 수 있는
열정이 있고

헤어질 땐
떠나보낼 수 있는
선함이 있다

이것이
우리가 살아 있다는
증거이다

산에 가서 산을 품고
호연지기 담아 오면 무엇하랴

강에 가서 강을 품고
인생무상을 담아 오면 무엇하랴

세 치 혀에 놀아나는
우리는 범인인 것을

좋은 친구 만나
우정을 품으면 무엇하랴

좋은 애인 만나
사랑을 품으면 무엇하랴

한 치 혀의 부질없음에
우정도 사랑도 무너지는 것을

땅은 평생 하늘을
우러러보고 살라 하고

하늘은 평생 땅을
감싸며 살라 하네

하늘은 높다고
뽐내지 아니하고

땅은 낮다고
시기하지 아니한다

땅과 하늘이
낮과 밤이 변하며

억겁의 시간들이 지나
배려한 공간 속에서

태초에
살아가는 우리 아니든가

어디에
높고 낮음이 있으며

어디에
잘나고 못남이 있는가

이미 우리는
하늘과 땅이

배려하여 만들어 놓은
아름다운 공간 속에서

높고 귀한 존재로
살아가고 있지 않은가

하늘과 땅의 지혜로
높고 귀한 존재로 살게 하소서

친구가 묻는다
이 길 맞나

이 길 저 길이
어디 있더나

자네가 걸어 온 길이
자네 길이 아니든가

이 길 저 길
소용없지 않든가

묻지 말고
그냥 가시게나

그 길이
자네 길 아니든가

나는
매일 매일 가면을 쓴다

목적을 위해서
매일 매일 피에로가 된다

오늘은 하얀 가면
내일은 파란 가면

삶의 변화 속에서
매일 매일 바뀌는 가면

가면을 쓴 것이 원래 나였는지
내가 누구였는지 망각한다

언제쯤 가면을 벗고
자유를 만끽할 수 있을까

날고 싶다
가면을 벗고 싶다

우주를 떠돌며
자유하고 싶다

친구끼리
잘나고 못남을 탓하지 마소

잘났으면 얼마나 잘났고
못났으면 얼마나 못났더나

친구끼리
시시비비 가리지 마소

옳으면 옳은 대로
틀리면 틀린 대로 편이 되어주소

친구끼리
편 가르지 마소

네 편 내 편 가르는 만큼
행복 반 불행 반 아니든가

친구끼리
남의 얘기 하지 마소

어차피 돌고 도는 세상
부메랑 되어 돌아오지 않든가

거울에서 비추어지는 너보다
타인에게서 보이는 너를 보라

네 편이라는 이에게도
내 편이라는 이에게도

그것이 내면의 얼굴이며
지금 현재 너의 인격이다

중년의 품위는
言品과 인격에 있다

무감어수無鑑於水 감어인鑑於人하여
아름다운 삶 가꾸자

헛되고
헛되도다
세월 앞에
나이도

헛되고
헛되도다
사랑도
우정도

헛되고
헛되도다
소유함도
없음도

헛됨이
헛되지 아니 됨은
바른 마음가짐을 가진
우리의 생각이다

눈이 시리도록
아름다운 꽃과
따뜻한 봄 햇살이

누군가에게는
아름답고
행복한 풍경으로

누군가에게는
잔인하고
슬픈 풍경으로 보인다

아름다워 보인다면
내일 죽을 것처럼
만끽하고 즐겨라

슬픈 풍경으로 보인다면
행복으로 가는 길목임을 믿고
슬픔 또한 즐겨라

슬픔도 기쁨도
우리가 품고 가야 할 인생
피하지 못한다면 즐기며 살자

무엇이 되었든..,

인생이란
과거를 추억하고
현재를 그냥 이렇게 살고 후회하면서
미래를 꿈꾸는 것이다

빛이 있는가 싶다가도
밝음은 사라지고
어둠이 온몸을 휘감고

내리막인가 싶더니
가도 가도 끝이 없는
오르막의 여정

여기까지 달려서
삶의 무게만큼
짊어진 처절한 삶

내려놓고 싶다가도
정이 뭔지
사랑이 뭔지

짊어지고 가는 것이
인생이라면
동여매자

삶이 다하는 날
너털웃음 지으며
내려놓는 그 날까지

벗이여
여기까지
오느라 애썼다

벗이여
짊어지고 가는 게
너무 무겁고 버티기 힘들면

쉬어가세나
그래도 무거우면
내려놓게나

인생이란 과거를 추억하고
현재를 살고 후회하면서
미래를 꿈꾸는 것이니까

미래를 꿈꾸세나
내려놓은 짐은
추억으로 남기세나

작은 별 하나 따다
가슴에 고이 간직해 보렴

사랑의 별이든
우정의 별이든

별이 빛나는 만큼
너도 빛날 거야

별을 품은 체온만큼
이 세상이 따뜻해질 거야

별 하나 품고
고이 간직한 가슴 내밀고

봄볕에
설레어 보렴

아무리 추운 겨울도
너의 가슴은 봄일 거야

간다 온다
누가 말하던가

바람에 실린 구름도
하늘 넘나드는 해와 달도

간다 온다
말 없는 우리도

저세상이
이 세상인지

이 세상이
저세상인지
알 수는 없으나

간다 온다 말없이
이 세상 가지 않겠는가

이 세상에서
저세상 가는 아름다운 동행길

간다 온다 말 없이 우리는 하나가 되고
아름다운 동무가 되었다

우리에게 여행은
무슨 의미일까

더러운 것은
비우고

좋은 것은
채우는 것

좋은 사람과 만나고
헤어지는 과정

낯선 곳에서
만남을 통해 나를 돌아보는 여정

일상이 주는
소중함을 깨닫고

이런 것들에 대해
생각하고 정리하는 것

서로를 깨워주고
서로를 위해주고

같은 것을 즐기고
같은 것을 느끼는

우리는
그냥 좋은 사이이다

세상의 풍파에서
찢겨져 있을지라도

같은 마음일 때
우리는 더 하나다

시간이 흘러
추억을 공유하고

막걸리 한잔에 세상사
잔 기울일 수 있을 때

우리는
비로소 친구이다

야음이 가시지 않은
동대구역은
아직 잠에 취해있다

띄엄띄엄 보이는 사람들 얼굴엔
취기와 잠기가 채 다하지 못한
어젯밤의 얘기들이 선연하다

야음을 틈타 어디론가 달려가는
우리의 인생 여정이
고귀해 보이는 이유는

희망이라는 숨겨 놓은
인생의 무기를 가슴속에 간직하고
살기 때문이다

슬프고 힘들 때 그놈 꺼내어
미소 한 번 지으면
미래라는 놈이 저 발치에서 손짓하며
행복의 문을 열어젖힌다

야음이 가시지 않은 동대구역을
거닐다 말고 벤치에 털썩 앉아
그 놈 꺼내니 눈물이 왈칵 쏟아진다

아차 하는 순간 삶의 질그릇은
산산이 부서진 사금파리 조각되어
발바닥을 찔러 선혈이 흥건한 피투성이의 삶이 되었다

검은 하늘 한번 보고 시퍼런 바다 한번 보고
막걸리에 사금파리 안주 삼아 먹고
눈물 한 번 흘렸더니

어느새
하늘이 푸르러져 있고
바다는 에메랄드빛으로 빛나더라

밤을 다하여 여기 온 까닭은 무엇인가
나는 어디로 가고 있으며 누구인가

무엇을 위하여 그 밤 지새도록
달리고 달려서 여기 와 있는가

찜질방에서 홀로 지샌 서글픈 마음이
휑한 경산역 새벽 풍경이 더해 애잔하다

끝나지 않을 것 같은 인생의 철도길
과연 내 삶의 종착역은 어디인가

오늘 아침 내내 삶의 간이역은
휑한 새벽녘 경산역을 닮아 있다

내 삶을 마감하는 종착역은
아름답고 향기로 가득하기를 소망한다

사는데 우찌 정으로만 사노
사는데 우찌 셈으로만 사노

살다 보면 정으로 살다
셈으로 살 게 되고

살다 보면 셈으로 살다
정으로 살 게 되더라

사는 게 셈도 정도 아니라
내 맘 두는 그 맘으로 살 게 되더라

비가 온다
그리고 그쳤다

하늘이
몹시 찌푸려 있다

한바탕
쏟아져 내릴 기세다

찌푸린 상 못 견디어
온 누리에 퍼붓는다

상 짓 푸린 하늘 닮은
내 마음에도 비가 내린다

한참을 지나서야
다시 비가 그친다

어느새 저 산 넘어
밝은 미소 지닌 하늘이 손짓한다

산 중턱엔
안개구름이 걸려 머뭇거린다

내 마음에 머뭇거린 안개구름
소낙비에 씻어 보낸다

더 내려서
洗心세심했으면 더 좋으련만

인생 만사 다 씻는 날이
어디 있겠는가

지나간 일에
새로운 에너지
낭비하지 마라

오지도 않을 기대감에
지금의 에너지
자랑하지도 마라

무엇을 하고 있는
지금을 위해
에너지를 쏟아부어라

잘못된 과거의 상처는
어느새 아물어져
새살이 돋고

미래는
새로운 에너지로 인해
너의 것이 되어져 있을 거야

너의 인생은
과거도 미래도 아니야
현재 무엇을 하고 있느냐이다

누군가가
빛나 보일 때가 있다

시련이 닥쳐도
무한의 긍정으로 삶을 대할 때

어떤 연유와 관계로
누군가를 사랑하고 있을 때

삶에 대한 자신감 뒤에
따뜻한 마음을 발견했을 때

시련을 극복하고
정상에 서는 사람을 보았을 때

이것들보다 더 빛나 보이는 삶은
내가 누구인가를 묻고
끊임없이 성찰하는 삶이다

살아간다는 것
살아 낸다는 것
얼마나 신비롭고
아름다운 일인가

아름답고
신비로운 삶
행복한 가슴으로
안으려 해도

정작 우리네 삶은
신비롭고 아름답지도
눅눅하지도 않음을
느끼는 이중적 잣대

그래도
잘살아 보자
그러면
잘 살아지겠지

살다 보면
중첩된 삶이
신비롭고 아름답게
변해 있을 거야

진짜인지
가짜인지
마음의 호수에
돌 하나 던져보면 안다

진짜인지
가짜인지
서로의 삶에
시간 더해보면 안다

진짜인지
가짜인지
서로의 마음에
무거운 짐 짊어져 보면 안다

진짜인지
가짜인지
내 마음의 호수에
돌 하나 던져보면 안다

슬프면 좀 어떻누
기쁨이 찾아올 텐데

지면 좀 어떻누
지는 게 이기는 건데

성내면 좀 어떻누
그 안에 사랑 있었을 텐데

아프면 좀 어떻누
건강의 소중함 알았을 텐데

망하면 좀 어떻누
돈 벌 일만 남았을 텐데

상처받으면 좀 어떴누
철들 일만 남았을 텐데

인생사 새옹지마
화복(禍福) 예측 불가 일진데

화(禍)도 슬퍼할 게 못 되고
복(福)도 기뻐할 것이 못 되더라

세상을 살아간다는 것은
투쟁이고 전쟁이다

삶을 사는 것이 아니라
살아 내는 것이다

무슨 일을 어떻게 하고
살아 내야 하는지

무슨 책임을 지고
살아 내야 하는지

나에게 가난과 부는
무슨 의미인지

사랑과 미움 사이에 삶은
어떤 색으로 마감될지

이런 수많은 것들이
우리의 영육을 짓누른다

그러나 미움으로 떠나는
인연에도 감사하고

사랑으로 만나는 인연에도
감사할 줄 아는 삶일 때

사랑받고
사랑하는 삶이 된다

비로소 투쟁이고 전쟁인 삶은
살아 내는 것 보다 살아지는 것이다

인생 여정
마디마디 환승역마다
두려움과
설레임이 교차한다

지금 역에서 하차하고
새로운 열차 탑승하는
인생의 마디마디가
울고 웃는다

알면서도 내리는 것에
두려움이 있다
낯선 노선, 낯선 좌석
낯선 사람들, 낯선 공기

갈아타지 않으면 멈춘다
그래서 환승역이
낯설고 두려움에도 불구하고
다음 열차를 기다린다

그래도 두렵고 낯설다
그리고 다음 역이 궁금하다
그 길은 긴 터널이
아니길 소망한다

이끌

이별 170×110cm

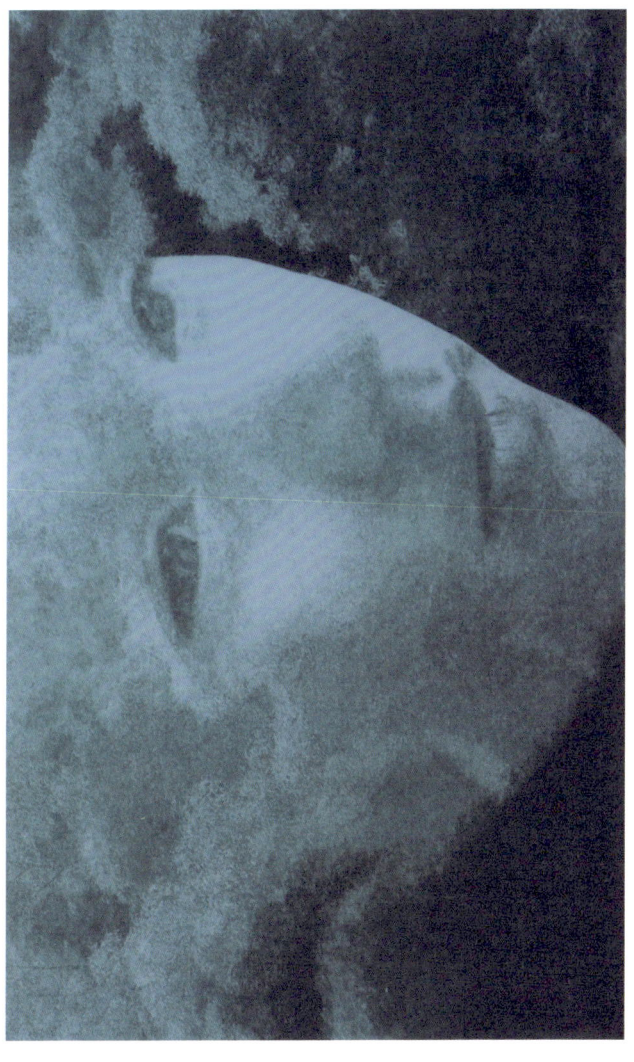

사랑해서 이별을 고합니다
어젯밤 당신을 놓치기 싫어서
감정을 속이고 이렇게 저렇게 해 보겠노라
횡설수설이었습니다

이제는 정신이 맑아 오고 생각이 정리가 됩니다
사랑해서 아프고도 외롭고
사랑해서 그리우면 어렵고 힘든 사랑이고
바뀌지 않는 사랑임을 알았습니다

마음에 맡기며 이별을 고합니다
당신을 사랑하기 전에는
사랑해서 외롭지도 않고
사랑해서 그립지도 않을 줄 알았습니다

사랑이 너무 커서 이별을 고합니다
시간이 갈수록 그리움도 외로움도 슬픔도 커져서
사랑하는 당신께 행복보다는 불행을 주고
좋은 감정도 사라질 듯하여 이별을 고합니다

당신을 사랑하기에 떠납니다
걱정 말아요
나는 당신 편이며 당신은 나의 뮤즈입니다
항상 곁에 있을 것입니다

당신은 피고 지지 않는 영원 꽃으로
기억될 것입니다
감사했습니다
당신을 사랑하기에 이별을 고합니다

서글픔은 가을바람에 흩날리고
서운해 하는 마음은 찬 바람 되어
마음속 파고든다

바람과 가을비가 아니어도
바람과 가을비에 낙엽이 뒹굴지 않아도
서운해 하는 당신의 마음이 느껴진다

주체할 수 없는 서운함을
어찌 꼭 젊은 사람만
참을 수 있으랴

가을바람과 가을비에
사랑도 서운함 되어
뒹구는 낙엽에 흩날린다

잡아 주기를 바라는 마음
목숨보다 더 간절하지만
사랑의 기준은 처음부터 당신입니다

사랑하는 당신에게
합당하지 않은 여러 가지 이유로
저를 버리시는 게 행복이라면

사랑하는 당신 내 가슴에 묻고
뒹구는 낙엽 되어
가을바람 따라 떠나렵니다

들려올까
익숙한 그녀의 소리에
애달파 우는 철새

그녀의 마음속으로
날아가지 못하는
짝 잃은 철새

반가운 몸짓
돌아올까 봐
마음 둘 곳 없는 철새

그 기다리는 눈망울엔
다정한 그녀의
그림자만 투영된다

지쳐버린
애달픈 마음은
상념으로 굳어져

보고픔에
다정했던 흔적의 그 자리를
홀로 지샌다

내가 너를 사랑하면
너무 아플 것 같다고 한다
사랑보다는 삶의 기준이 먼저라 한다

스쳐 가는 인연이 아니었기에
밤하늘에 수많은 별들로
사랑을 꿈꾸었다

사랑에 빠진 사춘기 소년처럼
서로의 미래이기를
피고 지지 않는 마지막 사랑이기를 바랐습니다

아프고 슬프지만
여기까지인 것 같습니다

밤새도록 얘기꽃으로 물들이고
잠든 사이 당신을 그리고 또 그려서
마음속 가득 채우고 싶었습니다

사랑하기에 아프고 사랑받을 수 있다고 생각했습니다
아침에 일어나 하루종일 당신이 궁금했고
꿈속에서도 당신과 함께이기를 소망했습니다

가장 궁금했던 건
내가 당신을 백번 생각할 때
한 번이라도 생각해 주는지가 궁금했습니다

당신을
물감이 아닌 가슴으로 그리면서
이별의 시를 씁니다

눈물이 납니다
다시 태어나는 삶은
당신과 함께이기를 소망합니다

이별해서 그리운 것은 꽃으로 피어 진데요
사랑해서 그리운 것은 꽃으로 피어지지 않는데요
사랑은 피고 지지 않는 영원 꽃이다

자기애가 강하여
이기적인 행동이 반복적일 때

사랑한다 하면서
고독을 느끼게 하는 시간이 길 때

귀중한 존재일진대
정작 후순위로 치부될 때

내가 상처받았을 때
너는 그 부류에 속해 있을 때

사랑은 교류일진대
일방통행이라고 느껴질 때

이별이 되기까지

너와 내가
사랑했던 마음마저 잃을까 봐

이별이
슬픔으로 다가와

가슴이 아려오는
사랑의 여운이 가실까 봐

나는 너에게
이별을 고했다

사랑할 땐
헤어짐을
염두하지는 않지만

헤어질 땐
그 사랑이 아파서
또 다른 만남을 기다린다

아프고 아파서
또 다른 사랑이
작아도 커 보인다

갈기갈기 찢겨진
상처에 또 다른
사랑의 묘약을 발라도

지나간 사랑의 상처에
딱지가 생기고
흉터는 남더라

얼마나 생각했을까
나쁜 놈에서 착한 놈까지

얼마나 뒤돌아봤을까
함께 했던 시간들을

얼마나 아팠을까
서운함에

딱지도 아물지 않은
상처 난 너 보인다

마음 다스려서
안부 전하는 너

사랑스럽다
너 마음 보여서

학
짝

Human and Nature 89×70cm

비
어떤 이에게는
그리움으로

비
어떤 이에게는
추억으로

비
어떤 이에게는
세월의 덧없음으로

비
어떤 이에게는
지나온 슬픔과 기쁨

비
과거로의 여행으로
우리의 삶을 추억게 한다

비
푸른 나뭇잎
살 속 깊이 적신다

지천명 여름비 되어
온 마음 촉촉하다

추억비에 젖은 마음
둘 데 없어

덧없는 강물에
하염없이 머문다

마음 비 머문 자리
사랑비로 머물렀으면..,

맛은
새콤달콤 텁텁

그래서 꽃말이
애정인가

애정도

처음엔
새콤

지나면 농익어
달콤

나중엔
매말라 텁텁해

순백색
연초록 꽃술

청초함은
온데간데없고

6월의 뙤약볕에
열매 꽃 피워

빨강은
새콤

검붉은 너는
달콤

살점 떨어진 너는
텁텁

그래서
산딸기 꽃말이 애정인가

첫사랑이 아름다운 것은
눈이 아닌 가슴으로 보기 때문이다

옛 노래가 정겨운 것은
귀가 아닌 추억으로 듣기 때문이다

지금의 당신이 사랑스러운 것은
내 안에 너 가득 하기 때문이다

서로가 시간이 흘러 사랑과 노래를 추억할 때
너와 내가 나란히 함께이기를 소망한다

아랫목
이불 밑에는
아부지 밥이 항상 있었지

옛날에 아부지가
부산으로 한 달 동안
일하러 가신 적이 있었지

어머니는 아랫목에
부재중인 아버지 밥을
정성껏 놓아두셨지

어린 나는
그런 어머니를
이상하게 생각했지

내가 아버지가 되었어야
얼마나 지혜로운
어머니인 줄 깨달았다

우리 형제들은
어머니의 아버지에 대한
헌신적 사랑을 알게 되었다

아버지는
가난한 농부였지만
어머니의 그런 모습을 통해서

아버지는
위대한 영웅으로
우리 눈에 비춰졌고

중후하고
절대적인 존재로서
아버지 아버지였다

어머니는 아버지에 대해
불만도 있을 법했을 것이다
그러나 아버지를 존중하셨다

아랫목 이부자리 밑
아버지 밥공기는
우리 형제의 양육 지침서였다

춥다
야이야
옷 단디 입고
핵조가라이

디포리 씨래기 된장국에
후루룩후루룩 후루룩
세 모금이면 아침이
다였던 어린 시절

움디 자석
옷 단디 입고 가라카는데
저기 머어꼬
뽄 찾다 똥구시 빠져 죽는다

뒤통수 머리 뒤로
쩌렁쩌렁한
할매 목소리가
아침 등굣길을 연다

어린 시절
더 춥고 더 배 고팠지만
그 시절이 그립고
할매가 보고 싶다

아부지 옴마 담소에 잠이 깬다
문풍지 바람이 서늘하다
어느새 구들장 갈라진 틈사이로
연기 냄새가 난다

차가웠던 온돌방은
이내 온기로 가득 차다
말라 버린 할매 젖 옷고름으로
고사리손 뻗치며 잠이 든다

야야 요강 비아라
옴마가 누이를 깨운다
밖에는 소여물 냄새가 구수하다
장닭 울고 암닭 알 까는 소리 분주하다

밖의 분주함 속에
겨울 새벽녘 아침은
디포리 김칫국 밥상에 농익어 간다
어린 시절이 떠올려지는 아침이다

그립다
아련하다
그리고
추억에 젖는다

행복연습

평화 100×119cm

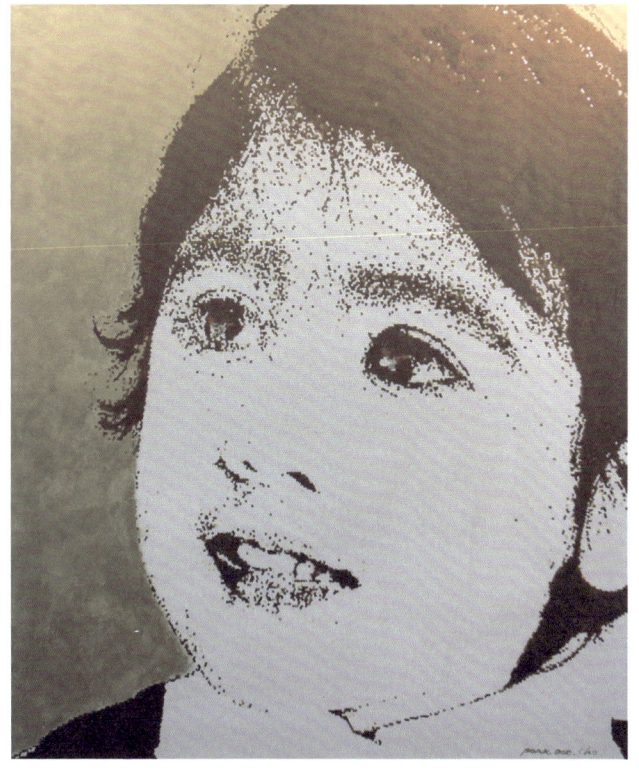

누군가에게 사랑을 받고 있다면
당신은 지금 가장 빛나는 때입니다

누군가를 사랑하고 있다면
당신의 삶에서 가장 황홀한 때입니다

누군가를 위해 간절하게 기도하고 있다면
당신은 가장 애절한 때입니다

누군가를 있는 그대로 받아들이고 사랑한다면
당신의 삶이 가장 아름다운 때입니다

누군가에게 그리움으로 가득 차 있다면
당신의 삶에서 최고의 추억을 하는 때입니다

아시나요?
당신과 나 사이에는
그리움, 숙명, 기도, 사랑이다
최고의 삶을 살고 있다는 것을..,

지금 이 순간 최고의 삶을 살고 있기에
우리는 행복합니다

기쁨과 슬픔과
사랑이 녹아들고
김 모락모락 피어난다

온 누리에
향기 잔잔하고
따뜻하여 뭉클하다

슬프고 기쁜 삶을
마시고 나면
언제나 향기 입안 가득하다

사랑의 향기처럼..,

빈 잔에도 여운 남아
입안 가득하다

작은 것에 소중함을
모른다면

사소한 일에 감사를
못한다면

정말 큰 사랑을
놓치고 사는 것이다

하루, 하루..,
순간, 순간..,

즐거워하고 기뻐하는
일상이 행복입니다

감사하고 감사하는
몸부림은

안으로 피어나는
황홀한 꽃이 됩니다

사랑이 있어
내 삶의 여정이
아름다운 동행으로
펼쳐집니다

서로 살아가는 여정에
지치고 아프고 놓으려고 할 때
동행하는 삶이
힘이 되어 빛 날 것입니다

우리는 삶이라는 지고 지난한
긴 여행을 하고 있어도
당신과 함께라서
외롭지 않은 동행임을 압니다

나의 인생길에 동행하는
당신 있어 오늘도 내일도
뼈에 사무치게 사랑하려 합니다
그래서 아름다운 동행을 하는
우리는 행복합니다

고독하자
함께여서 행복을 느낀다는 것은
고독함의 처절함을 아는 사람이다

고독하자
마음 주어 행복감을 아는 사람은
고독할 때 아무도 없음을 아는 사람이다

고독하자
풍요로울 때 기쁨을 아는 사람은
고독할 때 사소한 것이 풍요로운 것임을 아는 사람이다

고독하자
우리 삶이
적막하고 죽음 같은 어두움일지라도

고독하자
함께여서 얼마나 행복한지
작은 마음이 얼마나 소중한지
일상에서 주는 사소함이 얼마나 풍요로운 것인지

고독하자
죽음보다 더 싫은 적막함이
더 처절하게 느껴질지라도
일상에 감사함을 주는 고독
너는 나의 벗이요 액세서리이다

사랑할 때
보이지 않았던 것들이
고독할 때
소중함이 느껴지고
얼마나 큰 기쁨인지 알게 된다

사람들은 사랑을
물건처럼 아껴 두었다가
필요할 때 꺼내어
쓸 수 있을 것이라고 생각을 한다

다음에
이래서 안 되고
저래서 안 되고
우물쭈물 허송세월

마음에다 아껴 둔 채
갈구하던 사랑
꺼내 보지도 못하고
종착역에서 죽음을 맞이한다

사랑은 물건처럼
나중에 쓸 수 있는 것이 아니라
지금 이 순간 사랑이 생기면
만끽하는 것이 행복이다

좋은 사람을
마음에 두는 것도
행복이지만

가슴이 뛰는 사람을
마음속에 품은 이도
행복이다

서로 간의 추억도 없지만
이름 석 자만으로도
기쁨이 된다

그냥 좋고
그냥 미소짓게 하는
너는 나의 행복이다

행복은 가진 것을
쓰는 자의 몫이라 했든가

행복은 고난을 딛고
우뚝 일어서는 거라 했든가

행복은
감사함에 있다 했든가

행복은
옭아매지 않는 사랑이라 했든가

감사하고 우뚝 서서
사랑하며 행복감을 느껴 보아요

행복의 시작은
바른 관계 맺기 아니든가

이루고 성취하는 것
중요하든가

이루고 나면
헛된 것임을
알게 되지 않든가

행복은
무엇을 이루냐가 아니라
만나고 관계하는 게 아니든가

인생에서 관계 맺기 출발점은
나 자신이 아니든가

나를 사랑하는 만큼
이웃을 사랑하지 않든가

나이가 들고 책임감이 높아질수록
자아를 챙겨야 되지 않든가

모든 관계의 문제는
나로부터 비롯되지 않든가

냉정함과 강인함을 통해
자기를 다스리고 회복하는 나를 가꾸자

신이 주신 여정에서
성찰하면서 에너지를 충전하자

허락하신 구조의 틀 속에서
잔인하고 악할지라도

인내하고 존중하면서
지혜로운 나의 길을 찾자

희생과 배려로 자기 몫을 철저히 행하고
서로 도우고 격려하자

삶이라는 것이
도망치고 회피하고
체념하는 것이 아니라

부딪치고
박 터지고
껴안고
겸허히 나아가는 것

그때 비로소
인생은 우리에게
행복과 즐거움을 선사한다

고달프고
지친 내 마음
어찌할 바 없으나

살아가는 동안
너의 향기
고이 간직하면

향기에 취해
고달프고 애타는 마음
추슬러 지치지 않고

그 꽃향기의
고마움으로
살아간다

누군가를
사랑한다는 것은

언제나
웃고 울 수 있는 사람이다

누군가를
아낀다는 것은

무엇이든
주고받을 수 있는 사람이다

누군가를
그리워한다는 것

그리움도 행복임을
사랑을 알고부터 깨달았다

아침에 눈 뜨면
휴대전화 보며
다녀갔는지
설렙니다

사랑
황홀한 입맞춤
되뇌는 나는
구름 위를 날아다닌다

만남
그 이후 내 삶은
온 세상에 사랑의 물결로
수놓습니다

내 마음은
바람결에 당신을 향한 시를
날려 보내며
흥에 물듭니다

세상이 나를 속일지라도
당신이 함께여서
내가 존재하고
그로 인해 행복합니다

어둠일 때도
밝음일 때도

그냥 살아온 것처럼
그냥 그렇게 살면 돼

여기까지 그냥 그렇게
잘 살아왔잖아

이제부터는
그저 그러한 삶일지라도

그저 그러한
생각이 아니라

행복 바이러스로
그저 그러한 삶을 물들이자

다시 세월이 지나
내 삶이 그저 그럴지라도

행복했다고 여기며
마감하는 삶이길 소망합니다

네가 웃으면
낮이 되고

내가 웃으면
밤이 되고

우리가 웃으면
웃는 하루가 된다

웃음이
세상을 만드는 세상

웃음으로
서로 배려하는 세상

웃음의 묘약으로
행복한 날들이기를 소망합니다